Este es un regalo para

Samuel

De

Titalaiz

Fecha

1 de agosto

Publicado por
Unilit
Medley, FL 33166
Derechos reservados

© 2015 Editorial Unilit (Spanish translation)
Primera edición 2015

© 2005 por Christian Art Kids
Originalmente publicado en inglés con el título:
Prayers for Little Boys por Carolyn Larsen.
Publicado por Christian Art Kids, un sello de
Christian Art Publishers, PO Box 1599,
Vereeniging, 1930, RSA
359 Longview Drive,
Bloomingdale, IL, 60108, USA
Todos los derechos reservados.

Traducción: *Nancy Pineda*
Diseño de la cubierta: *Christian Art Kids*
Ilustraciones: *Caron Turk*

A menos que se indique lo contrario, las citas bíblicas se tomaron del Texto bíblico:
Traducción en lenguaje actual ® © Sociedades Bíblicas Unidas, 2002, 2004.
Traducción en lenguaje actual® es una marca registrada de Sociedades Bíblicas Unidas y
puede ser usada solo bajo licencia.
El texto bíblico indicado con «NTV» ha sido tomado de la Santa Biblia, Nueva Traducción
Viviente, © Tyndale House Foundation 2008, 2009, 2010. Usado con permiso de Tyndale House
Publishers, Inc., 351 Executive Dr., Carol Stream, IL 60188, Estados Unidos de América.
Todos los derechos reservados.

Producto 493834 • ISBN 0-7899-2252-5 • ISBN 978-0-7899-2252-6

Impreso en China/*Printed in China*

Categoría: Niños/General
Category: Children/General

Alaba a Dios

Querido Dios:

Me encantan los insectos, en especial los negritos que ruedan como una pelota cuando los pincho con una ramita. O los que dejan sus envolturas pegadas en los árboles cuando crecen y se van volando. Se te ocurrieron muchísimas fabulosas maneras para crear insectos. ¡Tú eres asombroso!

Amén

8

Querido Dios:

¡Me alegro de que hicieras la tierra!
A mi mamá no le gusta mucho cuando
llego sucio, pero me gusta llenar mi
camioneta de tierra, llevarla a otro
sitio, echarle agua y hacer barro.
Me gusta sentir que la aplasto entre
los dedos. ¡Gracias por hacer tanta
tierra que jamás se acaba!

Amén

Querido Dios:

Me alegro de que tú me ames.
Mi mamá dice que tú me amas aun
en los momentos que soy gruñón,
desagradable, enojadizo y caprichoso.
¡Tú me amas sea lo que sea!
¡Tú nunca dejarás de amarme!
       Gracias.

              Amén

Querido Padre:

¡Las tormentas son fantásticas!
Me gusta sentarme junto a la ventana
con mi papá y verlas.
¡Los truenos resuenan!
¡Los relámpagos centellean!
¡La lluvia golpea!
Los árboles se mecen y se doblan
con el viento. ¡Increíble!
¡Tú eres poderoso de verdad!

Amén

Querido Dios:

Tengo que decirte algo.

A veces no soy muy agradable.

A veces digo cosas feas o desobedezco
a mis padres.

A veces hago cosas que sé
que son malas.

Entonces, cuando te digo que lo siento...
¡tú me perdonas!

¡Tú siempre me perdonas!

¡Tú nunca dejas de perdonarme!

Solo quiero decirte: Gracias.

Amén

Querido Dios:

¿Tienes que decirle al sol que salga cada mañana? ¿Le recuerdas a las estrellas cuándo es el momento de brillar? ¿Tienes que decirle a la lluvia cuándo caer o a las aves cuándo volar? ¿Cómo saben las olas cuándo entrar y salir? ¿Qué hace la fuerza de gravedad? ¿Cómo es posible que en algunos lugares de la tierra jamás tengan nieve y en otros lugares nunca tengan calor? ¡Tremendo! Yo tengo muchas preguntas... ¡pero tú tienes muchísimo trabajo que hacer!

Tú estás muy ocupado.   Amén

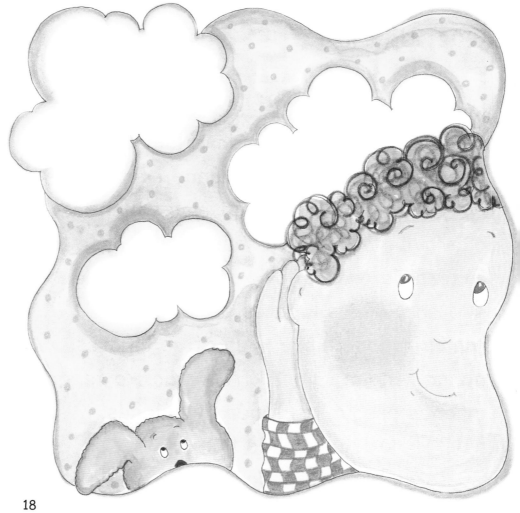

Querido Dios:

Eh... ¿estás escuchando? ¿Siempre estás escuchando para oírme hablar contigo? Mi papá dice que sí. Yo puedo hablar contigo cuando quiera... desde cualquier lugar y tú escucharás lo que oro. Me alegra de que no tenga que esperar mi turno para hablar contigo. Me alegra que tú no tengas correo de voz. ¡Gracias por escuchar en todo momento!

Amén

20

Querido Dios:

Tú me ves cuando yo estoy en mi casa.

Tú sabes dónde estoy cuando voy a la casa de un amigo.

Hasta me ves cuando me voy de vacaciones... a todo el mundo.

¿Cómo haces eso?

¡Tú estás en todas partes!

Bueno, ¡me gusta saber que estás en todo lugar!

Amén

Querido Padre:

No sé cómo haces esto, pero sé
que mi primo que vive en otro país
puede hablar contigo en el mismísimo
momento en que yo hablo contigo. ¡Tú
nos escuchas a los dos orando a la vez!
Entonces, si yo oro por algo y él ora
por lo mismo, es como si pusiéramos
una tienda de campaña de oración
sobre esa cosa, ¡pues tú nos oyes a
los dos!
Gracias.

Amén

24

Querido Dios:

Solo quiero alabarte.

¡Tú eres asombroso, fantástico
y lo mejor que hay!

¡Me alegra que yo te conozca!

Amén

Querido Dios:

¡No hay nada más fuerte que tú!

¡Ni los terremotos!

¡Ni los fuegos!

¡Ni las tormentas!

¡Ni los ejércitos!

¡Nada!

¡Tú eres el más poderoso de todos!

¡Asombroso!

Amén

Querido Dios:

Me alegra de que tú seas siempre justo.

A tus ojos, lo bueno siempre es bueno y lo malo siempre es malo.

No importa cómo te encuentres ni lo ocupado que estés, cuando lo echo todo a perder, tú siempre eres justo. Gracias.

Amén

Querido Dios:

Estoy feliz hoy. ¿Sabes por qué?
¡Solo por ti!

Tú me haces feliz porque me das
muchísimo: mi familia, mi hogar, mis
amigos, el gran mundo para vivir.

Tú escuchas mis oraciones...
¡Tú siempre cuidas de mí!
¡Hay un millón de razones por
las que tú me haces feliz!

Amén

32

Querido Dios:

El diablo es malo. Trata de llevarme a hacer cosas malas a cada momento. Sin embargo, tú eres más fuerte que él. Algún día, el diablo va a tener que pelear contigo... y tú vas a aplastarlo. Él no tiene ninguna posibilidad de triunfar. Me alegro de que yo esté de tu lado.

¡Jesús triunfa!

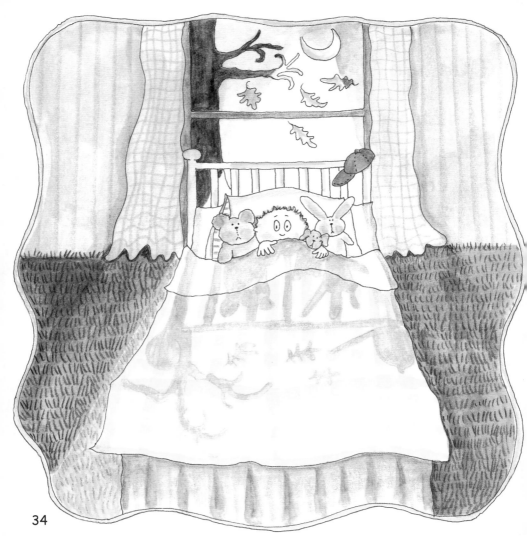

Querido Dios:

Huy, a veces por la noche, cuando mi cuarto está muy oscuro, bueno, me da un poco de miedo. Hay sombras en la pared que asustan y ruidos afuera que dan miedo. ¿Sabes qué hago cuando tengo miedo? Pienso en ti y recuerdo que tú estás siempre conmigo... ¡Yo no estoy solo en la oscuridad porque tú estás allí también! Luego, ¡me duermo al instante!

Amén

Dale Gracias a Dios

Querido Dios:

Gracias por la Biblia. No siempre
entiendo las palabras complicadas
en ella, pero mamá y papá me las
explican. Me gustan las historias
acerca del pueblo que tú ayudaste
mucho. Mi favorita es una cuando las
murallas de Jericó se derrumbaron.
¡Eso fue fantástico!

Amén

Brrrrrrrr

Querido Padre:

Me gusta hacer cosas de mayores con mi papá.

Cuando él corta la hierba, empujo mi cortadora de césped a su lado. La mía es solo un juguete, pero es divertido trabajar con papá.

Yo lo ayudo a lavar el auto y a arreglar las cosas que están rotas.

Gracias por mi papá.

¡Él es el mejor!

Amén

Querido Dios:

¡Me encanta ir a pescar! Mi abuelo me
lleva a su lugar secreto de pesca porque
él dice que los peces siempre pican allí.
Él me mostró cómo poner el gusano en
el anzuelo, qué asco, y cómo lanzar
la línea a la laguna. A veces,
conversamos en voz baja y otras
veces solo estamos callados.
Me gusta estar con mi abuelo. Él es
el mejor... gracias por mi abuelo.

Amén

Querido Dios:

¿Sabes cuál es mi cosa favorita que hiciste tú?

¡El mar!

No, ¡las montañas!

Huy, quizá mis favoritos sean los perritos.

Creo que son los insectos.

¡No! Ya sé, las personas.

¡Me imagino que me gusta TODO lo que hiciste!

Amén

Querido Dios:

Gracias que mi mamá y mi papá
nos llevan de vacaciones.
Nos vamos a acampar y vivimos
en nuestra tienda de campaña. En
la noche hay miles de millones de
estrellas en el cielo.
Mamá cocina la comida en una fogata.
Pero la mejor parte es que toda la
familia está junta y nadie tiene que ir
a trabajar.
¡Me encantan las vacaciones!

Amén

Querido Dios:

¡Es mi cumpleaños!

Mis amigos van a venir para una
fiesta y mi mamá hizo un pastel
de cumpleaños con un tren encima.
Tendré regalos para abrir y juntos nos
divertiremos muchísimo. Gracias por los
cumpleaños... ¡son fantásticos!

Amén

Querido Dios:

Mi mamá es la mejor mamá de todo el mundo.

Ella ni siquiera grita cuando yo estoy tan sucio que no puede ver ni una parte limpia de la piel.

Ella hace sándwiches de mermelada para mis amigos y para mí. A veces canta canciones tontas que me hacen reír.

Gracias por mi mamá. La amo.

Amén

Querido Dios:

A veces las cosas me dan miedo.
No me gusta decirle a otra gente que
estoy asustado... ¡pero puedo decírtelo
siempre a ti!
Me alegra de que pueda hablar contigo
a cualquier hora que quiera y de
cualquier cosa.
Gracias por escuchar.

Amén

Querido Padre:

A veces me peleo con mi hermano.

A veces él es malo conmigo y yo soy malo con él.

Pero otras veces nos divertimos muchísimo.

Ponemos una sábana sobre algunas sillas y hacemos una tienda de campaña.

Merendamos y nos quedamos allí mucho tiempo.

Gracias por mi hermano.

Amén

Querido Dios:

¡Mis amigos son muy estupendos!
Nosotros jugamos las mismas cosas,
¡así que juntos nos divertimos mucho!
Jugamos a la pelota y al jóquey,
y cavamos en el cajón de arena
y construimos cosas.
A veces hacemos chistes y vemos
quién se ríe primero.
Gracias por mis amigos.

Amén

Dios es Amor

Dios nos ayuda

Dios es

Dios está con nosotros

Dios es fuerte

«Nada podrá separarnos del amor de Dios».

Romanos 8:38

Ama a Jesús

El Arca de Noé

De dos en dos...

La promesa del amor de Dios por nosotros

58

Querido Dios:

¿Sabes qué? Pienso que mi maestra de Escuela Dominical se parece bastante a ti. Ella sabe muchos versículos de la Biblia, y ella es bonita y amable de verdad.

Ella siempre está contenta cuando voy a la Escuela Dominical. Nos enseña cosas divertidas y se asegura que entendamos las lecciones. Gracias por mi maestra.

Amén

Querido Dios:

¡Creo que mi abuelita hace las mejores galletas con trocitos de chocolate del mundo entero! Me gusta ayudarla a hacerlas y a comer algunas cuando acaban de salir del horno... ¡qué rico! Abuelita nos sirve vasos de leche fría y luego me cuenta historias acerca de cuando ella era una niña. ¡Gracias por mi abuelita!

Amén

Querido Dios:

¡Tú dibujas las mejores imágenes!
A mi papá y a mí nos gusta acostarnos
en el suelo y mirar las nubes.
Vemos figuras en ellas y luego el
viento las sopla y hay toda una
nueva figura.
¡Gracias por pensar en esas cosas
fantásticas!

Amén

Querido Dios:

¡Tú me amas! Lo sé porque la Biblia me lo dice así. Y porque tú enviaste a Jesús a la tierra para enseñarle a la gente cómo vivir para ti. ¡Gracias por amarme tanto!

Amén

Querido Dios:

He vuelto a fallar. Sigo haciendo
las mismas cosas una y otra vez,
aun cuando trato de no hacerlas.
Lo siento mucho y me alegra de verdad
que tú me perdones una y otra vez
y otra vez. Gracias.

Amén

Di Que Lo Sientes

Querido Dios:

Hoy estaba jugando un juego con mi amigo. Él estaba ganando y yo quería ganar, así que le dije a mi mamá que él estaba haciendo trampas.

Ella nos guardó el juego... así que nadie fue el ganador. Mi amigo no hizo trampas. Siento mucho que yo dijera una mentira acerca de él. Por favor, perdóname y ayuda a mi amigo para que me perdone también.

   Amén

Querido Dios:

Mi papá no va a estar contento conmigo. Yo hice algo que él me dijo que no hiciera... usé sus herramientas para cavar en el patio. Entonces, el martillo se rompió. Siento mucho que desobedeciera a mi papá y que rompiera su martillo. Por favor, ayuda a papá para que me perdone. Trataré de no desobedecerlo nunca más.

Amén

Querido Padre:

A veces, me enojo mucho. Mi corazón
rechina todo por dentro y siento que
se me hace un nudo en mi estómago.
Solo quiero gritar y tirar cosas. No
sé lo que me hace sentir de esta
manera, pero no me gusta sentirme
así... en especial, cuando GRITO y
tiro cosas... como hoy.
Siento mucho que le gritara a mi
mamá.
Por favor, ayúdala para que me
perdone.

Amén

Querido Dios:

No lo entiendo. Oré y oré por mi abuelo para que se pusiera bien, pero no fue así. Él murió de todas maneras.

He estado bastante enojado contigo. Siento mucho que me enoje tanto. Siento mucho que olvidara cuánto me amas tú y mi abuela también.

Solo lo siento. Echo de menos a mi abuelo.

Amén

iNO entrar!

Querido Dios:

¿Por qué tengo que limpiar mi cuarto de todos modos? En realidad, se va a desordenar de nuevo. Mamá me dice siempre que recoja mis cosas, y cuando no lo hago, ella se pone muy triste. No quiero hacer que mi mamá no esté contenta. Siento mucho que no la obedezca al momento. Por favor, ayúdame a ser mejor.

Amén

Querido Dios:

Cada noche, después de la comida, tenemos el culto de oración familiar. Papá lee versículos de la Biblia y luego explica lo que significan. Hablamos de cosas y después oramos. No sé por qué tenemos que hacer esto todas las noches.

Algunos días solo quiero salir a jugar con mis amigos. Siento mucho que me canse del culto de oración familiar.

Me imagino que es importante.

Por favor, perdóname.

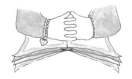

Amén

Querido Dios:

Lo siento, lo siento, lo siento, lo siento. Sigo haciendo cosas una y otra vez que ni siquiera quiero hacer. Peleo con mi hermano, desobedezco a mamá, le contesto mal a papá. ¿Puedo guardar algunos «Lo siento» y no tener que decírtelo siempre? Me imagino que no. Bueno, lo siento... otra vez.

Amén

Querido Padre:

¡Uno de mis amigos tiene de todo! El último videojuego, los mejores equipos deportivos, todas las películas que me gustaría tener, libros, tarjetas de béisbol, trampolín... ¡TODO!

Yo estoy un poco celoso por todas sus cosas. Está bien, estoy muy celoso. Lo siento mucho, porque sé que no es bueno ser celoso. Solo ayúdame a estar contento por él... y que puedo jugar con todas sus cosas.

Amén

Querido Dios:

Dije una mala palabra hoy.
No era mi intención decirla, solo
se me escapó.
Me imagino que en la escuela
escucho a los niños mayores decir
esa palabra.
Mamá me ha dicho que no es bueno
decir palabras como esa.
Lo siento mucho de
verdad.
Por favor, perdóname.

Amén

Querido Padre:

Este muchacho me molesta. Yo solía tratar de ser amable con él, pero ahora me defiendo. Mamá dice que voy a llegar más lejos con miel que con vinagre... lo que quiera que esto signifique.

Creo que significa que sea amable con él, incluso cuando él me molesta.

¿Me perdonarás por ser malo y me ayudarás a ser amable con él? Gracias.

Amén

Querido Dios:

No me gusta compartir mis cosas.
Ya está, lo dije.

No me gusta cuando la gente me
desordena mis cosas y no las ponen de
nuevo donde quiero que estén. Quiero
jugar con mis propios juguetes, pero
no quiero que nadie más juegue con
ellos.

Siento mucho ser tan egoísta. Por
favor, perdóname y ayuda a mis
amigos para que me perdonen también.

Amén

Querido Dios:

Me duele el corazón. Hice algo malo. Hoy fui a una tienda con mi mamá y vi algo que quería. Solo era un auto pequeñito, pero cuando le pedí a mi mamá que me lo comprara, dijo que no. Entonces, cuando ella no estaba mirando, lo metí en mi bolsillo. Eso es robar. Me sentí muy mal. Por favor, perdóname y ayúdame a ser lo bastante valiente para decírselo a mi mamá.

Amén

Yo ♥ amo al tío Fred

Querido Dios:

No me gusta ir a la casa del tío Fred.
Mamá y papá dicen que iremos mañana
y yo no quiero ir. Allí me aburro
porque no hay niños para jugar. Sin
embargo, sé que a mamá le gusta ir
a visitar a su tío. Siento mucho que
siempre me enoje por ir allá. Por
favor, ayúdame a ser más amable
en esto.

Amén

Querido Dios:

Hoy me inventé una historia, no para bien. Algunos de los niños en la escuela hablaban acerca de los lugares en que han estado y yo quería que pensaran que he tenido los mejores viajes de todos. Así que les dije que he estado en todos esos lugares... y yo no he estado en ninguno de ellos. Siento mucho que les mintiera a mis amigos. Por favor, ayúdalos a perdonarme.

Amén

98

Querido Dios:

¿Por qué lo hago? Yo comienzo a
hacer alarde de lo bien que juego
a la pelota o de lo bien que soy en
matemática o de los muchos lugares
en que he estado. Cuando empiezo
a alardear, no puedo parar. Solo
comienzo a contar cada vez más
historias falsas. Lo siento. Creo que
me da miedo de que a mis amigos no
les guste mi manera de ser. Por favor,
perdóname, y espero que ellos me
perdonen también.

Amén

Pide Ayuda

Querido Padre:

A veces me asusto por cosas como volar en un avión o cuando tengo que hacer algo nuevo.

No me gusta tener miedo. Eso me pone triste. Por favor, ayúdame a recordar que tú puedes tener cuidado de todo y saber todo lo que está pasando.

Amén

Querido Dios:

Mi abuelo está muy enfermo.
Él ha estado en el hospital por un
largo tiempo y no hemos podido ir a
pescar, ni jugar a la pelota, ni a nada.
Tengo miedo de que pudiera morir.
Por favor, cuida a mi abuelo.
Él es el mejor, así que, por favor,
ayúdalo para que se mejore.
Gracias.

Amén

Yo ♡ a mi Abuelo

Querido Padre:

Mamá dijo que quizá tengamos que mudarnos porque mi papá tal vez consiga un nuevo trabajo. No quiero mudarme. Me gustan mis amigos aquí. Me gustan mi escuela y mi iglesia. Da miedo pensar en hacer nuevos amigos e ir a una nueva escuela. Por favor, ayuda a papá para que se quede con su trabajo aquí, así no tenemos que mudarnos. Aunque... si tenemos que mudarnos, ayúdame a ser valiente.

Amén

«Pongan sus preocupaciones
en las manos de Dios,
pues él tiene cuidado de ustedes».

1 Pedro 5:7

Escuela Dominical
~ Clase ~

Querido Dios:

Mi maestra de la Escuela Dominical nos dijo que muchos niños en África están muy enfermos con sida. Muchos de ellos morirán. Eso me pone muy triste. Por favor, ayuda a esos niños a sentirse mejor. Ayúdalos a saber que tú cuidas de ellos.

Amén

Querido Dios:

Tengo un amigo que no va a
la iglesia para nada.
No creo que él sepa algo sobre ti.
Ayúdame a saber cómo hablarle
de ti.
Ayúdame a ser lo bastante valiente
para pedirle que vaya conmigo
a la iglesia.

Amén

Querido Dios:

Estoy tratando de aprender a leer.
Es difícil y no estoy aprendiendo
muy rápido.
Tengo ganas de rendirme.
¿Me ayudarías?
Ayúdame a prestar atención a lo
que dice mi maestra y ayúdame a
aprender. Gracias.

Amén

Querido Señor:

Mamá dice que tú lo sabes todo y que nada te sorprende.

Eso significa que tú sabes cuándo va a venir una gran tormenta.

A veces las tormentas me dan miedo porque el sonido del trueno es muy fuerte y el viento sopla muy duro.

Ayúdame a recordar que tú sabes lo que está pasando y que tú lo tienes todo bajo control.

Amén

116

Querido Dios:

Mi mejor amigo se mudó. No voy a poder verlo durante muchísimo tiempo. Lo extraño de verdad. Al menos, yo todavía tengo mis otros amigos, pero él tiene que hacer nuevos amigos. Por favor, ayúdalo a encontrar algunos buenos amigos que les guste hacer las mismas cosas que hace él. Ayúdalo a ser feliz en su nuevo hogar.

Amén

Querido Padre:

Mi perro se murió. Lo extraño muchísimo.

Él estaba acostumbrado a dormir en mi cuarto y jugar conmigo al tira y afloja con una cuerda. Estoy muy solo sin él. Por favor, ayúdame a sentirme mejor. Estoy demasiado solo.

Amén

Queridos Mamá y Papá

LÁPICES DE COLORES

120

Querido Dios:

Ayúdame a ser mejor en la obediencia a mi mamá y mi papá.

A veces ni siquiera lo intento.

Sé que se ponen muy tristes cuando desobedezco.

No me gusta que estén tristes.

Así que necesito tu ayuda para obedecer.

Gracias.

Amén

122

Querido Dios:

Hoy fue un misionero a nuestra iglesia.
Nos habló acerca de las personas de
otro país que son muy pobres.
Los niños no pueden ir a la
escuela. Algunos de ellos no tienen
dinero para ir al médico. Lo peor de
todo es que no tienen una iglesia
ni una Escuela Dominical, así que ni
siquiera te conocen a ti.
Por favor, ayuda al misionero para que
pueda hablarles acerca de ti.

Amén

123

Querido Dios:

Mi mamá y mi papá no van a vivir juntos nunca más. Puede ser que hasta se divorcien.
Tengo miedo.

No me gustaba cuando se gritaban el uno al otro, pero echo de menos a mi papá.

Por favor, ayúdalos a ser amables el uno con el otro. Por favor, ayúdalos a hablar de las cosas para que papá pueda volver a casa.

Amén

«Ámense unos a otros. Ustedes deben amarse de la misma manera que yo los amo».

Juan 13:34

Querido Dios:

Mi primo está en el ejército. Se fue
a pelear en una guerra. Desearía que
todas las guerras se terminaran.
¿Podrías hacer que las personas solo
hablen entre sí en vez de luchar?
Por favor, haz que paren las guerras...
y hasta que no suceda esto, por favor,
protege a mi primo.

Amén

Querido Dios:

Mi mamá y mi papá trabajan muy duro. Ellos tienen trabajos al que van todos los días, después vuelven a casa y tienen un montón de cosas que hacer. Ellos nos cuidan bien a mis hermanos, hermanas y a mí. Pero a veces están muy cansados. Por favor, cuida bien a mi mamá y mi papá.
Yo los quiero mucho.

Amén

Querido Dios:

Nosotros no hacemos muy buen trabajo de cuidar el mundo que nos diste. A veces veo basura en el parque y en las calles.

Cuando vamos de vacaciones, veo lugares grandes donde cortan todos los árboles y construyen tiendas.

Tú nos diste un mundo muy bonito, por favor, ayúdanos a cuidarlo mejor.

Amén

Ahora, escribe tu propia oración.

Querido Dios:

por favor cuida
a toda mi familia
y a mis amigos
y a los popres

Amén